Lizenzausgabe als Ravensburger Taschenbuch Band 8319

Titel der Originalausgabe: Sur les traces des Indiens d'Amérique

Fachliche Beratung:

Prof. Dr. Matthias Laubscher

Völkerkundler, Tübingen

Redaktion der deutschen Ausgabe
und Übersetzung: Jürgen Witznick

93 94 95 14 13 12 11

Printed in Italy by Soc. Editoriale Libraria

ISBN 3-473-38319-8

Auf der Spur der Indianer

Text von Nicolas Grenier
Illustriert von Donald Grant

DIE WELT ENTDECKEN

Der Rote Mann

Die Weißen haben den Begriff „Rothäute" erfunden. Wie sie darauf kamen, kann heute nicht mehr mit Sicherheit gesagt werden. Hier einige mögliche Erklärungen: Im Vergleich zu ihrer eigenen Hautfarbe schien den Weißen die Haut der Indianer eher rötlich zu sein. Oder: Der Begriff kommt von der – oft roten – Kriegsbemalung der Indianer. Oder: Die Weißen kamen von Osten, also aus der Himmelsrichtung der aufgehenden Sonne. Als sie den Weißen begegneten, blickten die Indianer also in die Sonne, deren Strahlen ihre Haut rötlich färbte…

Mit Sicherheit kann aber gesagt werden, woher der Begriff „Indianer" kommt. Als Christoph Kolumbus 1492 Amerika entdeckte, glaubte er, in Indien gelandet zu sein. So benannte er die Einwohner nach diesem Land.

In vorgeschichtlichen Zeiten jagten die Indianer Bisons bis an den Rand eines Abgrunds. Die erschreckten Tiere stürzten sich zu Tode.

◀ Prärieindianer des 19. Jahrhunderts

Die ersten Amerikaner, also die Indianer, kamen aus Asien. Es waren Nomaden: umherziehende Jäger, die nach reicheren Jagdgründen suchten.

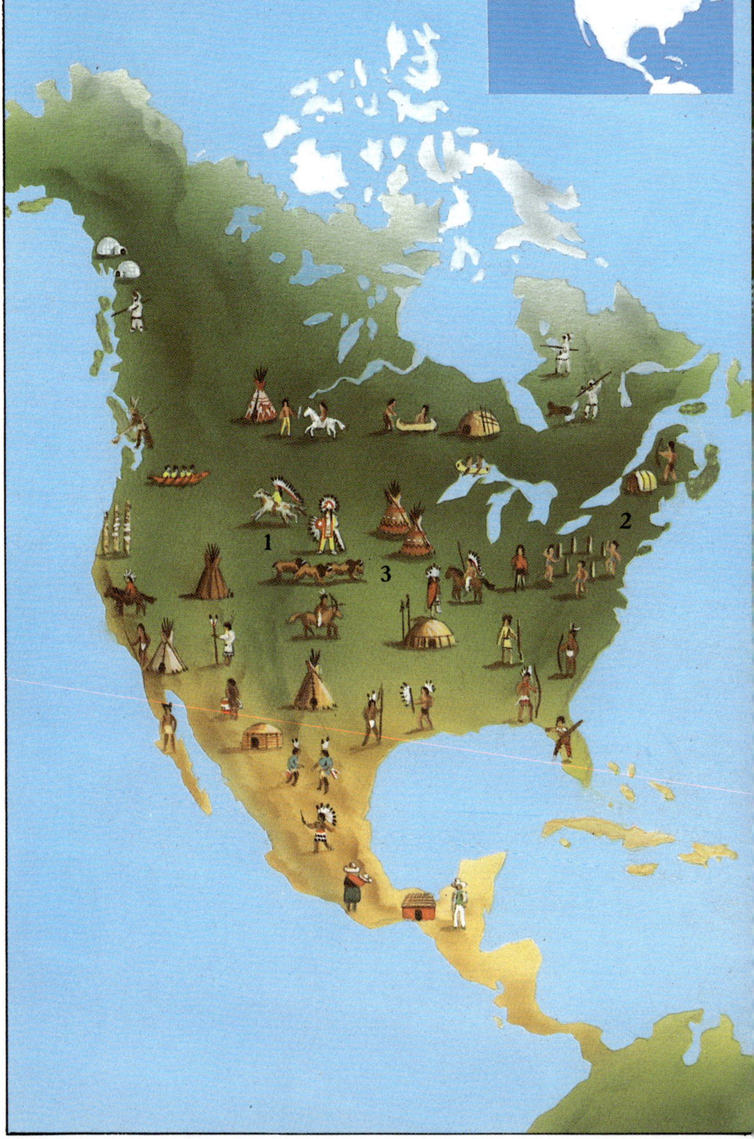

Die Indianer haben einen weiten Weg hinter sich.

Auf einer Weltkarte kann man sehen, daß Asien und Nordamerika im Norden nur durch einen schmalen Meeresstreifen voneinander getrennt sind: durch die Beringstraße. Während der Eiszeiten herrschten auf der ganzen Erde niedrigere Temperaturen, und die Beringstraße war zugefroren. Über das Eis gelangten Volksgruppen aus Asien auf den amerikanischen Kontinent. Manche blieben in Nordamerika und bildeten mehr als tausend verschiedene Stämme – jeweils mit einer eigenen Sprache.
Sie besiedelten Prärien und Wälder, Berg- und Wüstengebiete. Die anderen zogen weiter bis nach Südamerika.

1: Cheyenne mit festlichem Kopfschmuck

2: Irokese

3: Pawnee

Die Indianer verehren den Adler und fangen ihn wegen seiner Federn: Ein Indianer wartet in einem getarnten Erdloch, bis ein Adler sich den ausgelegten Köder holen will.

Die Pueblo, die Apachen und die Navajo leben im Südwesten. In diesem heißen Gebiet nahe bei Mexiko gibt es viele Schluchten und Wüsten. Die Pueblo bewässern den dürren Boden und bauen auf ihm Mais, Tabak und Gemüse an. An steilen Felswänden bauen sie seltsam aussehende Stein- oder Lehmhäuser. Sie haben keine Türen: nur vom Dach her gelangt man ins Innere.

Dann springt er hoch und packt den Adler von unten. Mit den Schwanzfedern fertigt sich der Jäger dann einen Kriegskopfschmuck an.

Die größten Feinde der Pueblo sind die von der Jagd und von Plünderungen lebenden Apachen. Die Apachen halten sich als erster Indianerstamm Pferde. Diese Pferde haben die Spanier aus Europa mitgebracht. Die Apachen haben sie den Spaniern abgekauft oder gestohlen.
Die Navajo sind besonders geschickte Handwerker: sie stellen Töpferwaren, Decken und Schmuck her.

Weite Waldgebiete, große Seen und Flüsse: der Nordosten des amerikanischen Kontinents ist die Heimat der **Huronen** und der **Irokesen**.

Fleisch und Fett des Bibers können die Indianer gut gebrauchen.

Den Indianern fehlt es damals an kaum etwas: sie fischen, sammeln Muscheln, jagen in den Wäldern das Wild und roden Land, um Mais, Bohnen und Kürbis anzubauen.
Auch harte Winter können sie überstehen: mit Fellen schützen sie sich vor der Kälte, und mit ihren Schneeschuhen können sie sich auch im Schnee fortbewegen und auf die Jagd gehen.

Die Indianer in Kanada jagen auch den Elch.

Aus Ulmen- oder Birkenrinde bauen die Irokesen leichte Kanus. Diese Rinde benutzen sie auch zum Bau ihrer Langhäuser und bei der Herstellung von allerlei Gebrauchsgegenständen.

Sie fangen junge Bären, um sie zu zähmen. Bären sind bei diesen Indianern sehr beliebt.

Indianer, die vom Meer leben.

Die Nordwestküstenindianer – wie die Nootka oder die Makah – nutzen den Reichtum des Meeres. Sie fischen, sammeln Muscheln und jagen Seehunde, Walrosse und sogar Wale. Aus dem Holz der Zedern, die an der Küste wachsen, bauen sie große Kanus, mit denen sie aufs Meer hinaus fahren.

Wozu gibt es Totempfähle?

Diese großen geschnitzten und bemalten Baumstämme verkörpern die Vorfahren eines Indianerstammes. Die Vorfahren werden als Wesen mit großer Kraft angesehen: zum Beispiel Bären, Raben oder Wale. Totempfähle erinnern auch an die hervorragenden Verdienste eines Mitglieds des Stammes.

Ein Totempfahl steht oft vor einem Haus, um das Wappentier einer Familie anzuzeigen. Manchmal gelangt man direkt durch den Totempfahl in das Haus hinein.

Cheyenne, Arapaho, Kiowa, Sioux, Comanchen, Blackfoot: das sind einige der Stämme, die in den Prärien Nordamerikas leben. Es sind Stämme, die meist umherziehen und als Jäger den großen Bisonherden folgen. Die Bisonjagd bestimmt ihren ganzen Alltag. Um 1700 gibt es in Nordamerika etwa 60 Millionen Bisons.

Nicht alle Prärieindianer leben in Tipis – manche Stämme bewohnen Erd- oder Grashütten. Ein Tipi ist schnell aufgebaut: man stellt einige Stangen zu einem Kreis zusammen und bedeckt sie mit Bisonhäuten.

Das Tipi hat oben eine Öffnung, damit der Rauch abziehen kann. Wenn es sehr heiß wird, öffnet man das Tipi weit.

Bei einigen Stämmen heißt das Tipi auch: Wigwam.

Die Indianer lernen erst spät Pferde kennen. Bis ins 18. Jahrhundert haben ihnen noch Hunde beim Schleppen schwerer Lasten geholfen.

Der Schleppschlitten ist das älteste Hilfsmittel, um größere Lasten zu befördern.

Das Pferd begeistert die Indianer. Die Comanchen nennen es „Heiliger Hund" und die Sani „Siebenhund".

Mit Zeichnungen und Holzschnitzereien wird an Pferde erinnert, die in Kämpfen getötet wurden.

Schon vor der Ankunft der Indianer waren die Pferde in Amerika ausgestorben. Die berühmten Mustangs haben die Spanier nach Amerika gebracht. Sie sollen ihren Namen von dem Distrikt „Mustang" im Norden Indiens haben. Indianer sind sehr gute Reiter: innerhalb eines Tages können sie ein eingefangenes Pferd abrichten.

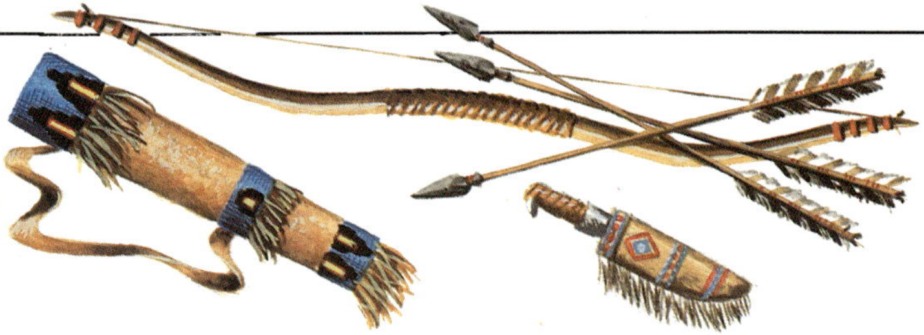

In den weiten Ebenen Nordamerikas leben damals in großen Herden die Bisons – das sind große Büffel, die fast 1000 Kilogramm schwer sind. Bevor sie auf die Jagd gehen, tanzen die Männer, um den „Herrn der Bisons“ gnädig zu stimmen. Mit Pfeil und Bogen, mit Speeren und später auch mit Gewehren bewaffnet, reiten die Indianer mitten in die Herden hinein und schießen aus nächster Nähe auf die Bisons.

Unberittene Jäger schleichen sich unter einem Wolfspelz verborgen an eine Bisonherde an und versuchen sie einzukreisen.

Die Bisonfelle werden mit Kratzer, Schaber und Messer bearbeitet. Durch die Behandlung mit säurehaltiger Erde wird das Leder haltbarer.

Perlenbestickte Mokassins
Bisonfleisch wird frisch gegessen oder getrocknet.
Die Häute werden bearbeitet.

Die Squaws, die Indianerfrauen, haben viel handwerkliches Geschick: sie bearbeiten Häute, trocknen Fleisch, weben Decken und verzieren Mokassins. Bei den meisten Stämmen werden diese Arbeiten ausschließlich von den Squaws verrichtet.

Im Indianerdorf bestimmen die Frauen den Ablauf des täglichen Lebens. Sie kümmern sich um das Essen, die Kleidung und den Auf- und Abbau der Tipis.
Die kleinen Mädchen bleiben im Dorf, wo sie spielend lernen, der Mutter zu helfen. Die Jungen dagegen üben sich im Rennen und im Bogenschießen. Sie warten auf den großen Tag, an dem ihnen der Vater ein Fohlen gibt und sie mit auf die Jagd nimmt. Die Tätigkeiten der Frauen sind also eher auf das Dorf beschränkt. Die Männer dagegen gehen auf die Jagd – und sind auch Krieger.

Bei der Initiation müssen die Jungen verschiedene Proben durchstehen. Bei der Schmerzprobe ertragen sie erst die Hitze eines Feuers und springen dann in kaltes Wasser.

Um ein Jäger und Krieger zu werden, reicht es nicht aus, ein Pferd besteigen und mit Pfeil und Bogen umgehen zu können: die Jungen durchlaufen eine Jünglingsweihe.
Man sagt dazu auch: **Initiation**.
Die Indianer achten die gesamte Natur. Wenn sie einen Baum fällen oder ein Tier töten müssen, bitten sie die Geister vorher um Vergebung. Wer Jäger und Krieger sein will, muß all diese Regeln sehr genau kennen.
Felsen, Pflanzen, Tiere und Menschen sind alle die Kinder eines einzigen großen Geistes.
Die Algonkin nennen ihn **Großer Manitu**.
Die Indianer fühlen sich also der Natur ganz anders und viel enger verbunden als später die weißen Siedler.

Das Rauchen der Friedenspfeife ist eine besondere Handlung. Die Indianer wollen über den Tabakrauch Verbindung zu den Geistern aufnehmen.

Der **Schamane** hat in einem Indianerstamm eine herausragende Stellung. Er ist Wahrsager und Medizinmann und hält die Verbindung zu den unsichtbaren Geistern aufrecht. Von ihm erfährt ein Junge die Geheimnisse der Natur und die Regeln, an die man sich halten muß. Bei der Initiation soll der Körper erst durch Schmerzproben rein werden; dann verbringt der Junge einige Tage ganz allein und ohne etwas zu essen. Er wartet darauf, wie sich ihm die Geister zeigen werden. Wenn er zum Beispiel einen Adler „sieht", bedeutet das, daß dieser in Zukunft sein Schutzgeist sein wird.

Die Indianer kennen viele Ballspiele.

Die Spiele der Indianer.

Obwohl ihr Leben nicht immer leicht ist und manchmal sogar Hungersnöte auftreten, lachen, spielen und wetten die Indianer gern. Eines ihrer eindrucksvollsten Spiele ist das Lacrosse.

Bei diesem Geschicklichkeitsspiel muß eine Nadel durch kleine Knöchelchen geführt werden.

Beim Lacrosse bilden mehrere hundert Mitspieler zwei Mannschaften und versuchen, einen Ball mit einer Art Schläger über die Grenzlinie des Gegners zu befördern. Ein Spiel kann einen ganzen Tag lang dauern.

Bei diesem Spiel versuchen zwei Spieler, mit ihren Spießen einen rollenden Reifen zu treffen.

Der Anfang vom Ende: Die Weißen kommen. Die europäischen Auswanderer besiedeln verschiedene Gebiete. Die Spanier siedeln vor allem im Süden, die Engländer an der Ostküste. Die Franzosen bevölkern Kanada und Louisiana und die Russen die nördliche Pazifikküste. Deutsche Auswanderer siedeln sich in verschiedenen Gegenden an, etwa in Pennsylvania. Die Weißen wollen Handel treiben, und so tauschen die Indianer Felle gegen Gewehre und Alkohol – das „Feuerwasser“. Aber die Weißen wollen vor allem auch eines: das Land der Indianer.

Das Ende der indianischen Lebensweise ist gekommen. Die Weißen werden immer zahlreicher und besiedeln immer größere Gebiete. Noch sind die Indianer nicht mißtrauisch; sie vertrauen auf Versprechungen und Verträge. Aber Versprechungen werden nicht gehalten, Verträge werden gebrochen. Da versuchen die Indianer kämpfend ihr Land zu verteidigen.

Rücksichtslos schießen die Weißen immer mehr Bisonherden, die Nahrungsquellen der Indianer, ab.

Little Big Horn, 25. Juni 1876: Sioux, Cheyenne und Arapaho mit Crazy Horse und Sitting Bull an der Spitze liefern den Amerikanern eine Schlacht. Die Truppen des Oberstleutnants Custer werden geschlagen.
Aber dieser Sieg kommt zu spät; die Indianer sind erschöpft, ausgehungert und auch untereinander uneinig. Für viele bleibt nur der demütigende Weg in die Reservate.

Am 29. Dezember 1890 bricht das Massaker von **Wounded Knee** den letzten Widerstand. Fast dreihundert wehrlose Indianer, vor allem Frauen und Kinder, werden von den Weißen abgeschlachtet. Dazu der Sioux Black Elk: „Ich kann sehen, daß noch etwas anderes dort in dem blutigen Schlamm starb und vom Schnee begraben wurde. Eines Volkes Traum ist dort gestorben. Es war ein schöner Traum…“

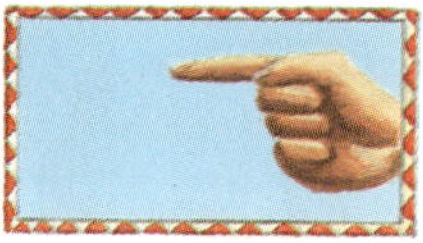

Comanche: Ahme die Bewegung einer Schlange nach.

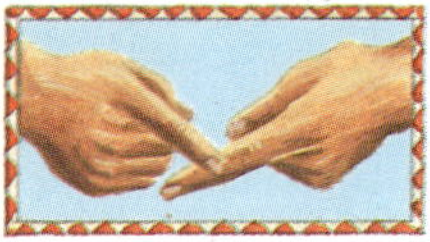

Cheyenne: Ahme das Abschneiden des Zeigefingers nach.

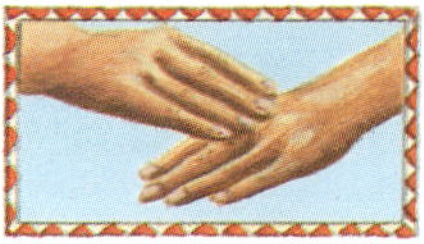

Indianer: Streiche dir zweimal über die linke Hand.

Pawnee: Bilde mit Mittel- und Zeigefinger ein V.

Crow: Lege deine Faust an die Stirn.

Sioux: Tue so, als ob du dir den Hals durchschneiden würdest.

Die Stämme der Prärieindianer sprechen verschiedene Sprachen. Um sich untereinander zu verständigen, haben sie eine Zeichensprache entwickelt, die im Laufe der Zeit auch die Weißen verstehen.
Mit der Zeichensprache können die Namen der Stämme, Tiernamen und andere Bezeichnungen dargestellt werden.

1: Guten Tag 2: Wieviel? 3: Biber 4: Freund
Die Handzeichen werden oft von bestimmten Körperbewegungen begleitet. Um „wieviel“ auszudrücken, muß man sich zur Seite drehen.

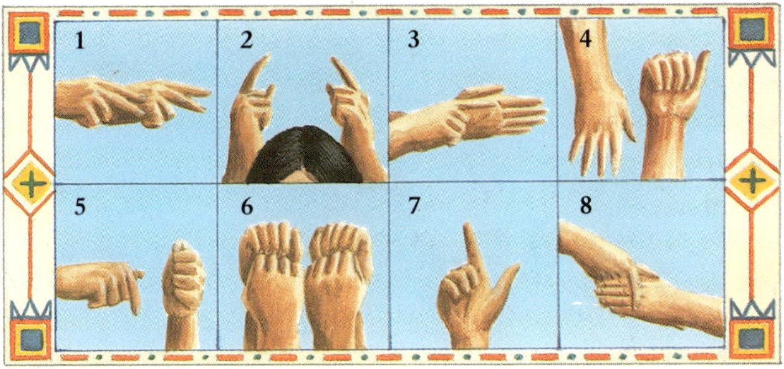

1: Hund 2: Bison 3: Nicht können 4: Schlecht
5: Bogen 6: Beratung 7: Mond 8: Pferd

Auch mit der Gesichtsbemalung und der Stellung der Arme wird etwas ausgedrückt.

Ich habe schon einen Feind getötet.

Kriegsbemalung

Es soll regnen, damit der Mais wächst.

Der Regen nach einem Gewitter.

1: Habe einen Feind getroffen.
2: Habe mit den Fäusten getötet.
3: Habe einen Feind entdeckt.
4: Habe mit einem Gewehrschuß getötet.
5: War mehrmals verwundet.

Doch ihr habt Dinge gesagt, die mir nicht gefallen. Sie sind nicht süß wie Zucker, sondern bitter wie Kürbis. Ihr habt gesagt, daß ihr uns in ein Reservat stecken und uns Häuser bauen wollt. Ich mag sie nicht. Ich bin in der Prärie geboren, wo der Wind frei weht und nichts das Licht der Sonne verdunkelt. Wo ich geboren bin, gab es keine Zäune, und alles konnte frei atmen. Ich möchte hier sterben und nicht zwischen Mauern. Ich kenne jeden Fluß und jeden Wald zwischen dem Rio Grande und Arkansas. Ich habe überall in diesem Land gejagt und gelebt. Ich habe gelebt wie vor mir meine Väter, und wie sie habe ich glücklich gelebt.
Als ich in Washington war, sagte mir der Große Weiße Vater, daß alles Comanchenland uns gehört und daß uns niemand verwehren wird, darin zu leben. Warum also wollt ihr, daß wir die Flüsse und die Sonne und den Wind verlassen und in Häusern leben? Fordert nicht, daß wir die Büffel für die Schafe aufgeben sollen. Die jungen Männer haben davon gehört, und es hat sie traurig und wütend gemacht. Sprecht nicht mehr davon…

Wenn die Texaner nicht in mein Land gekommen wären, dann hätte es Frieden gegeben. Aber von dem, was ihr uns gelassen habt, können wir nicht leben. Die Texaner haben uns die Plätze weggenommen, wo das Gras am üppigsten wuchs und das Holz am besten war. Hätten wir sie behalten, so hätten wir vielleicht getan, was ihr wollt. Aber jetzt ist es zu spät. Der Weiße Mann hat das Land, das wir lieben, und wir wollen nur noch durch die Prärie ziehen, bis wir sterben.

Parra-Wa-Samen (Ten Bears)
von den Yamparika-Comanchen

aus: Dee Brown, Begrabt mein Herz an der Biegung des Flusses

Die Welt entdecken

In dieser Reihe sind bisher erschienen:

Band 1: Wie leben die Tiere im Winter?
Band 2: Keine Angst vor Krokodilen
Band 3: Sahara – Leben in der Wüste
Band 4: Eskimos – Leben im ewigen Eis
Band 5: Wo die Schokolade wächst
Band 6: Warum trinken alle Kinder Milch?
Band 7: Kartoffeln wachsen nicht im Keller
Band 8: Die Geschichte vom Papier
Band 9: Das Schwein und seine Verwandten
Band 13: Stolze Burgen, edle Ritter
Band 14: Bäume im Jahreslauf
Band 15: Geheimnisvolle Insektenstaaten
Band 16: Wind und Wetter
Band 17: Unser täglich Brot
Band 18: Bären – Die unsanften Riesen
Band 20: So leben die Affen
Band 21: Sanfte Kühe – Wilde Stiere
Band 22: Feuerwehren im Einsatz
Band 23: Elefanten – Geliebte Dickhäuter
Band 24: Vögel im Nest
Band 25: Die Sonne – Quelle unseres Lebens
Band 26: Wale – Die letzten Riesen der Meere
Band 27: Nach Westen! – Cowboys, Trapper, Pioniere
Band 29: Wie lebten die Römer?
Band 30: Quomodo vivebant Romani?
Band 31: Ägypten zur Zeit der Pharaonen
Band 32: Tiere, vor denen wir uns fürchten